"No es bueno meterse con un hombre invencible".

El hombre invencible

John Danen

Published by John Danen, 2024.

While every precaution has been taken in the preparation of this book, the publisher assumes no responsibility for errors or omissions, or for damages resulting from the use of the information contained herein.

EL HOMBRE INVENCIBLE

First edition. April 24, 2024.

Copyright © 2024 John Danen.

ISBN: 979-8224287918

Written by John Danen.

Tabla de Contenido

A todos los hombres que luchan por mejorarse y slir de la matrix

Introducción.

Hago este libro para ayudar a los hombres y también a las mujeres. Para que veas los peligros de ser una persona romántica, débil, necesitada. Alguien que prioriza el amor sobre todo. En vez de eso es mejor convertirse en un hombre invencible.

Este va ser un libro que te podría producir mucho dolor, es de una dureza brutal. Si eres sensible, te pido que no lo leas, o puedes quedar traumatizado por lo que aquí aparece.

Pero si tienes el coraje de querer saber la verdad este es tu libro.

El amor mal encauzado **puede matar**. Claro que es muy bonito, y, si todos fuéramos buenos debería ser lo que buscáramos, un amor precioso. Pero, este concepto que algunos tienen idealizado del amor en su cabeza, hace que se cometan todo tipo de barbaridades contra ellos y contra ellas, también les hace sufrir un auténtico infierno. El amor mata a hombres y a mujeres. Por eso escribo este libro, para que te des cuenta de todo lo malísimo que te puede suceder si eres un ingenuo, que cree que el amor es más grande que nada, y lo buscas por encima de tu bienestar personal.

Con el amor mal encauzado todos sufren. Este libro lo voy a hacer desde la perspectiva de un hombre, contando todas las desgracias que te pueden suceder a ti, hombre, pero también se podría hacer otro libro desde la perspectiva de la mujer, contando como los hombres son malos y les dan una mierda de vida. Lo siento, esta segunda visión no la voy a hacer, no porque no la considere justa, que es justa y también ellas sufren mucho, es simplemente, porque no estoy en la otra parte, y no conozco a fondo sus sufrimientos.

Así que pido que otro escriba esa otra parte donde las mujeres sufren por amor. Baste con esta parte que sí conozco para horrorizar a todo el mundo, y prevenir que hombres y mujeres sufran. Quiero que ambos tengan mucho cuidado cuando se juntan en una relación seria. Sí todos nos valorásemos a nosotros mismos por encima de este amor idílico, se evitarán muchos problemas.

No es el machismo ni el feminismo lo que defiendo, sino el tener cabeza y no caer en amores malditos que fastidian la vida a enorme cantidad de personas.

Este es un libro para tu defensa personal, para que sepas que es lo hacen las mujeres y los hombres en el amor, como muchas veces ellas nos utilizan y manipulan. No es un libro de amor, es un libro que relata de forma realista como son las relaciones personales hombre-mujer en el mundo de hoy en día. Podría haberlo llamado amores tóxicos, pero lo voy a llamar "**el hombre invencible**" porque es más positivo y además te empodera.

Los amores no son tóxicos, son malditos porque eso que llaman amor, muchas veces, se convierte en algo horrendo, que destroza para siempre a las personas.

El hombre por su debilidad y bondad natural cae muchas veces en estos amores malditos y es terriblemente castigado. También por su exceso de agresividad y autocontrol comete terribles actos.

Espero que con este libro te conviertas en un hombre invencible que no cae en amores malditos, ni sufre, ni llora. Un hombre por encima del bien y del mal que ha pasado por todo, y, que finalmente, se ha alzado invencible.

¿De dónde viene el amor maldito?

El amor maldito viene de la debilidad, de la creencia de que el amor es lo más importante, y aquello por lo cual hay que sufrir y luchar, incluso por encima de tu bienestar personal. El amor maldito viene de ser un dependiente emocional, un blando y sensible, que pelea por este amor más allá de lo que sería recomendable. Hay que saber parar, hay que saber valorarte a ti mismo y decir no a la otra persona, hay que saber abandonar relaciones que nada aportan, bueno si que aportan, aportan sufrimiento e infelicidad.

Muchas veces culpamos a las mujeres de nuestros males, como si ellas fuesen malas y nos hiciesen el mal, no es así, somos nosotros los que al ser blandos le damos a ellas el poder total sobre nuestros sentimientos. Esto sucede por nuestra bondad a veces, otras es inocencia, otras claramente debilidad y dependencia.

Por nuestra concepción del amor idílico las mujeres pueden parecernos malas, y sí, es verdad, pueden ser malísimas, pero la mayoría de las veces no son ni buenas ni malas. Se adaptan a lo que tú seas, si eres blando ellas serán muy duras, si eres duro ellas serán blandas. Se adaptan para complementar.

En general no les gusta el hombre blando, el de sentimientos a flor de piel sensible y romántico, les gusta el hombre que se hace respetar, que pone límites, que es duro, ese es el hombre más codiciado.

Un hombre que llora es rechazado por cualquier mujer pues esto esta prohibido para los hombres, que pese a sufrir muchisimo, pero muchisimo, no les está permitido. Ellas pueden llorar por cualquier cosa. Si un hombre llora delante de una mujer, prácticamente lo descarta, pues has de ser duro pase lo que te pase porque eres hombre.

Nosotros hemos de poner nuestro granito de arena para que todo vaya bien, y por lo menos, tratar de ser alguien que se respete a sí mismo y que no caiga en relaciones tóxicas donde tendremos todas las de perder.

En el amor **no se puede ganar**, solamente si encuentras una relación perfecta estarás feliz más o menos, pero también sufrirás un montón de problemas. Como mucho, algunos que se hacen respetar, que además encuentran una pareja muy buena, y que a su vez, ellos son buenos, esos pocos, llegan a empatar. La gran mayoría pierde en el amor, a veces pierden los dos, hombre y mujer, esto es raro, en el 99,99999% de las veces salimos goleados los hombres, que somos los débiles en el amor.

Lo normal es quedar 18-0

Espero que con este libro puedas empatar el partido, ganar es bien difícil y prácticamente nadie en la historia de la humanidad lo consiguió.

Casanova y 10 mas, lo consiguieron. Para ganar tendrías que disfrutar mas que sufrir y tan pronto como concedas importancia a una, ello te debilitará y te ocasionara terribles sufrimientos que luego ni ligandote a 100 más se te olvidarán del todo.

Sólo el hombre invencible consigue lo que nadie consigue y vence por la mínima algunas veces en un siglo. Sólo 1 de diez millones empata.

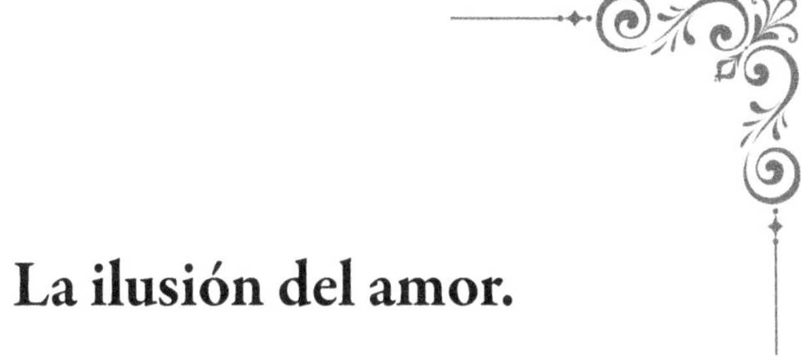

La ilusión del amor.

Por culpa de la ilusión del amor que se mete en las cabezas, se pierden años, e incluso, vidas enteras dedicadas a la búsqueda de un amor difícil de conseguir, o que realmente ni existe. Como dijo Manson "no soy un esclavo de un Dios que no existe", y es verdad, Cupido no existe, no existe un Dios del amor al que rendir pleitesía. Cuando la gente se da cuenta de que no existe el amor, o que al menos es dificilísimo encontrarlo, sufren terriblemente.

Algunos se vuelven violentos precisamente contra la persona objeto de su amor, pues su frustración por no conseguir este amor, o por no ser correspondidos como ellos quieren, les hace cometer todo tipo de salvajes acciones, que destruyen sus vidas y las de otras personas.

Del amor se puede pasar al odio y del odio al dolor, y luego ya no tiene solución nada, pues se han hecho cosas tan rastreras, que ya no hay consuelo posible.

Si la gente no tuviera esta dependencia emocional tan acusada, este buscar el amor a toda costa haciendo lo que sea necesario, y, en cuanto detectasen que no les están correspondiendo como deberían, rompiesen sus relaciones, todo iría muchísimo mejor.

Pero de la escasez surge el miedo, y del miedo surge el dolor. Aquel que es un hombre formal es un hombre peligroso, pues muchas veces se obsesiona con su pareja y no ve más allá de esa relación.

Sin embargo, el seductor va por ahí aceptando que muchas no le traten bien, aceptando que muchas lo desprecien, sabiendo que no va ser correspondido prácticamente nunca, y no dando importancia a nada. El seductor es duro, duro de cojones, por eso, porque el seductor es duro, busca su disfrute, el pasarlo bien, y no va a hacer daño a nadie.

Pero ¡ojo! el hombre formal, el hombre blando que se dedica a una sola mujer y que se obsesiona con esa relación, puede ser peligroso.

Tampoco voy a decir que todo el mundo tenga que ser seductor, pero por lo menos que se respeten a sí mismos y tengan los cojones de romper la relación en la que están metidos sino les hace felices.

Siempre puede haber otra chica que te de una mejor vida, que esa con la que estás que no te satisface. Déjala y sigue tu camino, este libro también vale para evitar crímenes violentos de tinte machista que horrorizan a las personas de la sociedad.

Así que aunque voy a contar muchas salvajadas, lo que espero con todo esto es concienciar a la gente para que hagan el bien, y el bien muchas veces, es romper relaciones y respetarte a ti mismo, ¡comenzamos!

La dureza de nacer hombre.

Si has tenido la desgracia de nacer hombre como yo, tengo pésimas noticias para ti, ser hombre es peligroso, peligroso no, peligrosísimo. Los hombres tenemos mucha más testosterona lo cual nos incita a la violencia, también corremos infinitos riesgos. Muchos de estos riesgos que corremos se producen por buscar una mujer, o luchando por un amor, o defendiendo a alguien. Por algo es que los hombres viven siete años menos que las mujeres. Nos cuidamos menos, nos arriesgamos muchísimo más, nos gusta la velocidad, nos gusta en cierta manera y en algunas circunstancias la violencia también, los deportes de motor salvajes, en fin, que cuando nos late el corazón por la adrenalina de la emoción nos sentimos vivos, y eso es peligroso para nosotros y para los demás.

Has de aceptar esta verdad dura y cruda, **las mujeres no son malas**, lo que sucede es que tú eres blando y exiges una bondad que muchas veces no pueden dar. No la pueden dar porque han sido programadas así por millones de años. Sólo pueden dar una pequeña bondad al que consideran su pareja, y esto en el mejor de los casos, para todos los demás hay frialdad y un comportamiento desconfiado. Ellas protegen a los suyos y son hostiles al resto la mayoría de las veces. Una vez que la mujer se abre, que es por así decir, conquistada, se vuelve buena, a menos que tú seas excesivamente blando, lo cual ella compensará haciéndose más fría y dura.

En general también hay que decir que, de por sí, ya son bastante más frías y malas, pero no es su culpa, han sido así programadas, como dije antes, es su adaptación para sobrevivir. Al no tener fuerza física han desarrollado la astucia, y están a años luz en cuanto a poderío en esta cualidad de nosotros. Esto puede ser muchas veces interpretado como maldad, pero ellas son así, no es su culpa. No te quejes de lo mala que es la mujer, pues así es como tiene que ser, quéjate de lo blando y débil que eres tú.

Tú eres un hombre, y si aspiras a ser un hombre invencible, no puedes quejarte de nada.

El quejarse es de fracasados. Los hombres invencibles nunca se quejan.

"El hombre es duro por fuera y blando por dentro, la mujer es débil por fuera y dura por dentro"

Los hombres tenemos infinidad de accidentes y muertes violentas por el exceso de testosterona, si lo sé. Así debe de ser esto también. Todo es perfecto tal como es. No hay queja, no hay pena. Los hombres invencibles aceptan todo lo que les llegue, sin queja.

La vida del hombre.

Voy a contar como es la vida del hombre desde su nacimiento. En un principio es un ser súper bondadoso inocente y cándido, cuya única referencia es su mamá. Ella es la que le protege de todo lo malo del mundo, la que le da cariño y amor. Ese cariño y amor que después ya no va a encontrar nunca más, o lo que encontrará será un amor muy rebajado. Este cariño y amor que con mucha suerte encuentre será una copia barata de este amor maternal. Cuando ya se construyó su versión invencible tampoco lo necesita, es un hombre invencible que es feliz sin nada, es duro durísimo, él consigo mismo ya tiene suficiente para ser feliz. Pero ahora de joven es débil y frágil.

Cuando al jovencito le empiezan a gustar las niñas normalmente recibe durísimos varapalos. Tiene todo por hacer, debe construirse su personalidad, debe de endurecerse para poder competir en igualdad con ellas.

Así este pobre muchacho va por ahí haciendo lo natural, enamorándose y siendo bueno, cariñoso y romántico con las maravillosas y bellísimas chicas. Esto sucede porque la sociedad, la familia, los colegios, los padres, las películas, todo, le conduce hacia un romanticismo y a un amor idílico que es el objetivo a conseguir.

El chico piensa y siente, pero esos pensamientos y sentimientos no son verdaderamente suyos, han sido inculcados por esta sociedad. Por eso hasta que no se deshace de este antiguo yo mal programado, no puede tener éxito en el amor. Este yo que programan otros, el chico lo asocia a sí mismo, y cree que es que su yo verdadero, pero no lo es. El chico piensa y siente así porque está inmerso en la corriente de pensamiento dominante, porque no puede salir de ahí, porque eso es lo que conoce, por eso el chico en el cien por cien de las ocasiones, se convierte en una persona blanda sensible y dependiente que busca el amor.

Así sale en busca de amor y fracasa por completo, ya que ellas muchas veces por no decir casi siempre le pagan su bondad con desprecio, mentiras, y humillaciones.

Esto puede provocar tres cosas en la mente masculina:

- La número uno creo que casi todo el mundo ha pasado por ella, se trata de que aparece un **odio hacia las mujeres**, que serán vistas como seres malos que causan todos nuestros problemas.
- La número dos, es otra posibilidad que consiste en aceptarlas como son con resignación, y **seguir buscando el amor** como buenos chicos hasta el final.
- La opción tres es que te conviertas en un **hombre invencible**, la cual voy a explicar a lo largo de todo este libro.

Voy a analizar primero **la opción número dos**.

Los que han continuado buscando el amor encuentran un amor manipulado, un amor que no es verdadero, un amor que proviene de su debilidad, y son todos ellos esclavizados sin ninguna piedad por las mujeres. Así truncan sus vidas y en vez de estar felices seduciendo y pasándolo bien, están amargados, aguantando muchas veces a una mujer déspota, que los humilla y trata bastante mal.

Todo lo hacen por proteger a la familia, y en fin, son grandes héroes también, héroes que sacrifican sus vidas para que sus hijos prosperen. El mayor de estos sacrificios es el aguantar a su mujer que la mayoría de las veces es una mujer que se volvió mala y dura al ver lo bueno y blando que era él. Otras veces es semibuena, el caso es que ella será lo más buena que pueda con él, porque es su hombre, le guste mucho o no tanto él, ella lo eligió y ahora lo da por bueno. Él se ha comprometido en formar la familia con ella y por ello ella lo debe de tratar lo mejor que pueda, aun así este hombre saldrá perdedor claramente en el amor y merece nuestra conmiseración.

En el 70% de las ocasiones, bueno esto su número que pongo un poco aleatoriamente y no tengo los datos precisos, pero estimó que es algo así; fracasan los matrimonios, y después, estos hombres, buenos o malos o lo que sean, sufren en sus carnes, en toda su crudeza, las leyes injustas que les privan de sus hijos, y de más de la mitad de sus bienes. Muchos sufren un calvario de juicios, apelaciones, y quedan arruinados por los abogados. Todo por intentar ver a, sus habitualmente desagradecidos hijos, que están totalmente manipulados por sus madres, con el beneplácito de toda la sociedad biempensante.

En los casos más extremos se vuelven locos y hacen barbaridades. Algunos se suicidan, otros matan a la mujer, pero bueno esto son casos extremos que no son lo normal. Lo normal es rehacer su vida y volver a caer en las mismas trampas, todo por seguir creyendo en el amor, un amor como dije antes, en el cual no se va a ganar nunca, siempre se va a perder, y como mucho, pero mucho, mucho, empatar. Estos siempre pierden de goleada.

Este amor, si tragas con todas las exigencias de ella, va a restringir tu libertad. Ella te prohibirá ser un hombre, andar con otras mujeres, acostarte con otras, que es lo que la naturaleza realmente quiere para ti. Este matrimonio se hace para que cuides a tu familia, pero una vez hecho esto, no encuentras la felicidad, ni en el primero, ni en el segundo ni en el quinto, todos son más de lo mismo. Ilusión al principio, sufrimiento por el medio, y decepción tremenda al final.

Estos hombres que se casan nunca triunfan en el amor, al revés fracasan terriblemente.

Muchos no llegan ni a casarse porque sufren de tal manera los rechazos y fracasos que ya no llegan a ello, ya que caen en depresiones profundas motivadas por estas desgracias, y ya no remontan el vuelo.

La opción uno en la cual caen muchos, es odiar a las mujeres, esto nos ha pasado a todos de chiquillos, cuando no entendíamos nada y no sabíamos, ahora que somos maduros y sabemos nos damos cuenta de que aunque ellas aparentan ser malísimas, en realidad son como tienen qué ser, porque así las creo la naturaleza, porque así sobrevivieron mejor, porque desarrollando la astucia pudieron sobrellevar la dura vida que también ellas llevaban. Así que pido por tu propio bien que pares de quéjarte de las mujeres, eso es de fracasado, de perdedor total.

La opción tres es dejar de odiarlas o de complacerlas y convertirte en **un hombre invencible,** ese es el verdadero camino, el camino número tres.

Los hombres estamos solos, nadie nos ayuda porque ya somos hombres, no somos niños ni mujeres, somos hombres y debemos resolvernos nosotros mismos nuestras cosas.

Estadísticas sobre los hombres.

No es casualidad que muchísima gente quiera cambiarse el sexo a mujer. Como dije antes, ser hombre es peligroso. La mayoría de los datos que reflejan todas estas estadísticas vienen por nuestra propia culpa, por nuestra impulsividad y agresividad, pero ahí están estas estadísticas demoledoras.

Los hombres sufren 4,3 veces más muertes en la carretera, es decir, por cada mujer que muere lo hacen más de 4 hombres.

Los hombres van a las guerras y representan el 99% de las cifras de bajas. Por cada mujer muerta en batalla hay 99 hombres. ¿Aquí nadie reclama paridad?

Los hombres se suicidan más de cuatro veces más que las mujeres.

Las mujeres inician el 70% de los divorcios.

El hombre está acostumbrado a aguantar, él es el que recibe la mayoría de la violencia. La mayoría de la violencia es de hombres a hombres.

Nora Vincent es una escritora activista y feminista. Esta mujer hizo un experimento por dieciocho meses, que consistió en hacerse pasar por hombre. Sufrió tantísimo que cayó en depresión. Según ella su vida como hombre era brutalmente difícil y dura. Dijo que admiraba a los hombres y que nuestra vida era muchísimo más dura que la de las mujeres. Ella sabrá.

El terrible ejemplo de un hombre en una guerra.

Este es un ejemplo que me voy a inventar, pero la realidad puede ser así, e incluso más dura todavía.

Nuestro protagonista es un hombre de 28 años que ha sido alistado a la fuerza para defender a su país, no tenía ninguna preparación militar, pero tuvo que hacerlo porque sólo los hombres defienden a su patria en las guerras. Él es un hombre en edad de ser movilizado, así que, para no incurrir en pena de muerte por desertar, aquí le tenemos en el frente de batalla.

La temperatura es de dieciséis grados bajo cero, el hombre no va demasiado bien equipado para el frío, pues escasean las provisiones. Tirita y tiembla la mayor parte del tiempo. Hace dos días que no come nada sólido, sólo come una sopa de sobre que calienta a duras penas en un pequeño hornillo y que comparte con otros dos combatientes.

Por las noches llora y recuerda su casa, su mujer, y sus dos hijos pequeños. No sabe nada de ellos, no llegan cartas al frente. Tiene la esperanza de que quizás ella haya podido escapar y ahora esté en otro país a salvo, un sitio cálido y seguro.

Todas las noches piensa en ellos y en cómo sería su vida si no estuviera luchando por su país.

Pasan tres largos meses sin que nada importante suceda. Sólo existe el tedio de estar en la línea del frente esperando que se aproxime el enemigo. Pero el enemigo no se digna en aparecer por allí. Esto le da una pequeña esperanza de que quizás no se presente nunca, y pueda volver de una pieza a su casa, si es que aún está en pie. También tal vez podría recuperar su familia si esta guerra acabase pronto. Sueña con abrazar a su mujer y sus hijos. Reza cada día por su bienestar. Piensa, "ojalá pueda volver a casa y encontrar a mi familia esperándome". El soldado piensa que ojala pudiese comunicarse con ellos, y a veces fantasea con que se produjese la mejor noticia, que la guerra se ha acabado y poder reunirse con su familia allá donde esté.

Un día aciago a las 5:47 de la mañana comienza un duro bombardeo sobre su posición. Las bombas le revientan los tímpanos y sangra por ellos, el dolor es intenso, el ruido infernal.

Se acurruca en su trinchera esperando que escampe el chaparrón de bombas que martillea su posición, pero esto no tiene visos de terminar. Terribles explosiones sacuden su entorno y pasa más de dos horas rezando y llorando, pidiendo a Dios que salve su vida. No hay ningún enemigo que abatir, no se ve a nadie, sólo hay bombas que caen.

Por desgracia una de ellas ha caído demasiado cerca, la explosión lo ha lanzado fuera de la trinchera y ahora yace tendido boca arriba con el abdomen rajado por completo. Las tripas se le salen y parte de los intestinos están en el suelo a su lado.

El dolor es enorme, está perdiendo mucha sangre, se marea y entra en convulsiones. Por causa del frío se le están congelando los miembros. Pero, él no puede moverse. Quizás también tenga una lesión medular. Esto ni lo sabe pero también ha sucedido, está parapléjico de cintura para abajo, lo único que sabe es que no puede moverse un centímetro o se le salen más aún las tripas.

Tirado en la nieve teñida de sangre y vísceras, se tira horas sin moverse con explosiones cerca suyo, que por fortuna o desgracia no le alcanzan. Yace allí hasta que pierde el conocimiento por completo. El bombardeo cesa, él recobra el conocimiento, tiembla, su primer pensamiento es para recordar a su familia y su casa.

Tiene una pequeñísima esperanza de que alguien va a ir a rescatarlo, pero conforme pasa el tiempo la muerte se aproxima cada vez más y no pasará de esta noche si alguien no le socorre.

Tras largas horas de terrible sufrimiento, gritando sin ser contestado, ya sin esperanzas de ser rescatado, de pronto se oye el ruido de vehículos acorazados. Nuestro soldado mira a su alrededor con la luz del alba, ha recuperado torpemente su sentido de la vista con la luz del amanecer. Está clareando el horizonte y alcanza a ver su entorno con más claridad. Lo que ve es desolador, nadie ha sobrevivido de los que con el estaban. Están todos hechos pedazos por los suelos. Sus compañeros están literalmente partidos en trozos, un brazo por aquí, una cabeza por allá. El es el único superviviente del bombardeo.

Por fin se dibuja frente a él un vehículo acorazado, pero, para su desgracia, no es amigo, es precisamente del enemigo. Salen unos soldados, lo recogen, y, sin más, lo arrastran por el suelo y lo tiran a un cráter que una bomba abrió esa terrible noche.

El grita y pide clemencia, pero ellos no le hacen ningún caso.

Ahora están tirando paladas de tierra sobre su cara, y, poco a poco lo van tapando, hasta que finalmente queda enterrado vivo.

Ya no tiene fuerzas y no puede ni gritar, ni moverse y va asfixiándose entrándole tierra por la boca y nariz en su intento desesperado de respirar bajo tierra. Conforme van tirando tierra encima siente que se asfixia más y más, se retuerce lo poco que puede para intentar salir de allí. Le entra tierra en la herida y le escuece terriblemente. Sus últimos pensamientos antes de abatirse la oscuridad son para su mujer y sus pequeños hijos. La tierra ya entró en las heridas, ahora no puede respirar, vi moverse, ni hacer nada. Aun pasan unos dos minutos de asfixia y agonía hasta que finalmente muere.

¿Para qué ha valido el estar allí? ¿Qué grandeza hay en esta muerte?

Mientras tanto en Milán su mujer está a salvo con sus dos hijos. Justo la noche en que empezó el bombardeo, ella cansada de no saber nada de su marido y dándolo por muerto, decide que es momento de pasar página y liberarse de toda la tensión de esta guerra. Después de haber sufrido muchísimo, de estar meses sin noticias de su marido, precisamente esa noche, ha quedado con un guapo muchacho italiano que acude a buscarla en un bonito coche. Salen por ahí de fiesta y durante esas horas por fin disfruta un poco y se olvida de la guerra y de su marido. Aproximadamente a la misma hora que su hombre está agonizando en el cráter, ella se acuesta con el italiano y por unos momentos se olvida de todo lo que sufrió.

Impactante narración ¿verdad?

Bien, la enseñanza de todo esto es que ¡que mierda son las guerras!

Alguno dirá ¡menuda mujer! ¡que mala que hace esas cosas¡

Te voy a decir lo que pienso. Esta mujer **no es mala,** no hay que odiar a esta mujer, ni hay que criticarla, ni despreciarla lo más mínimo. Ella también ha sufrido una barbaridad, no tantísimo como él, pero ha sufrido también mucho. Se han dado así las circunstancias, ha coincidido la muerte del marido con el día que ella pudo disfrutar un poco.

Nadie debe de odiarla ni odiar a las mujeres en general. Es la vida misma la que es dura, ella que ya sufrió lo indecible, está en su derecho de disfrutar un poco. Si pudiese habría estado a su lado, si pudiese, pero no pudo.

La falta de información hizo que, pese a tenerlo constantemente en sus pensamientos, decida eso, pasar página, al menos ese día disfrutar. Volver a vivir con su marido lo dio casi por imposible, algún día había que darlo por muerto y este fue el día.

Así de dura es la vida, las mujeres no son malas ni buenas, se adaptan a lo que somos nosotros. Si somos muy buenos ellas lo compensan siendo malas, si somos muy malos, ellas se volverán muy buenas para compensarlo. Es una especie de acoplamiento, de ajuste, lo que tú quieras llamarlo.

Por eso no debes de pensar que odiándolas vas a ser más fuerte, al revés, la vida es la que es dura, no ellas.

Nosotros debemos de amar a todo el mundo, a las buenas y a las malas mujeres, porque realmente no hay mujeres malas, las mujeres son así debido a la adaptación al medio. Nosotros debemos estar por encima del bien y el mal y ser **el hombre invencible** al que no le afecta nada, que nunca sufre, que se adapta a todo, que no pone excusas, que no se queja, que no busca chivos expiatorios a los que acusar del mal del mundo.

Al único al que tienes que vencer es a tí mismo.

El hombre invencible se mejora para hacerse más divertido, más alegre, más despreocupado de las cosas que no importan. Se hace duro durísimo, a tal punto que, no le afecta nada. Las traiciones, las profundas decepciones que la vida nos da, no nos afectan en absoluto. El hombre invencible se quiere a sí mismo y no deja que nada ni nadie le haga sentirse mal.

El hombre invencible sólo tuvo un enemigo, su versión anterior, la versión programada de serie a la cual venció. Ahora no tiene enemigos, se tiene a sí mismo, y, también al mundo entero para disfrutar la maravilla de la vida.

Incluso allí enterrado vivo, el hombre invencible se siente en paz consigo mismo, sin odio ni rencor.

Así es, a veces pasa esto, otras veces mandan al hombre invencible a un infierno de batalla y vuelve condecorado y en perfecto estado de salud.

El trauma de la primera novia.

La primera novia es la que nos da el golpe más grande de nuestra vida. A ella llegamos totalmente inocentes y buenos. Llegamos creyendo en el amor y en que hemos encontrado la felicidad. No nos preocupamos absolutamente nada sobre nuestra alarmante conducta amorosa, la cual nos está metiendo de cabeza en una dependencia emocional tremenda. Cuando llega el día de la ruptura se te cae el mundo encima. Ese día es el peor día de tu vida. Todo en lo que habías creído, se derrumba, todo por lo que habías luchado, lo pierdes, todo lo que creías que iba a ser eterno incondicional e inmenso, se te quita. Muchos no lo superan y quedan traumatizados de por vida, o con problemas psicológicos grandes. Algunos se vuelven sensibles, otros despreciadores de las mujeres.

Este amor nunca vuelve, pues jamás podrás entregarte tantísimo como hiciste con esta primera novia. Así que el amor, si existe, ocurre en estos pocos años de juventud, donde realmente creías en el amor, fuiste correspondido y tuviste momentos de enorme felicidad con esa novia que creías para siempre.

La cruda realidad sacude al muchacho y pueden ocurrir crisis de ansiedad, depresiones, melancolías, mierdas, que duran a veces años, a veces meses, a veces toda la vida.

Este primer gran golpe te devuelve a la realidad, y te muestra, que sólo algunas mujeres, se mostrarán muy bondadosas contigo, y además, por tiempo limitado.

En realidad este amor es una anomalía, algo que sólo sucede en esta etapa juvenil, y además, no siempre, sólo con escasas mujeres súper bondadosas, que todavía hay sueltas por ahí. Mujeres a las que, ya no valorarás tanto ni te entregarás tanto si aparecen después, por causa de este trauma inicial.

Después de esto puedes luchar por el amor de nuevo, que es lo que sucede la mayoría de las veces, sólo para llevar otro varapalo mucho más rápido pero menos doloroso; o ya directamente, endurecer.

Lo normal es estar errando y errando bastante tiempo, hasta que finalmente, sobre los 30 años, te has adaptado a la interacción con las mujeres y dejas de sufrir.

Esto no significa que esa primera novia sea mala ni mucho menos, es buena, buena dentro de esta anomalía en la cual son buenas con su pareja. Como dije antes, no son buenas ni malas, depende como tú seas; si eres bueno ellas serán malas, si eres malo serán buenas. En este caso el chico es inocente y bueno y se produce esta anomalía, y así, siendo bueno, ella se comporta de modo bastante bondadoso, pero, finalmente, se produce el ajuste, y tu bondad es pagada con el abandono.

También tienes tú parte de culpa de esta ruptura, pues acabas aburriéndote de la vida tranquila que esta mujer te da, y tu desapego de ella es pagado inicialmente con más amor, pero, poco a poco, la chica endurece y se va produciendo un distanciamiento por su parte, hasta la ruptura final.

No nos quejemos, quejarse es de perdedores, las mujeres son como tienen que ser.

Ellas son las que nos cambian de blandos, dependientes y desmasculinizados, a tipos duros y rudos. **Agradece cada mujer que te deja,** pues te va hacer más duro atractivo y fuerte. Al final te acabas convirtiendo en un hombre invencible si aguantas todo y superas todo.

La mejor mujer que
conozco.

La mejor mujer que conozco es una mujer realmente bondadosa para su entorno. Ella ama a los animales, tiene un montón de perros, también le gustan los gatos, cuida amorosamente a su hijo, limpia su casa, cumple en el trabajo, es agradable con la gente, simpática, encantadora y dicharachera.

Una maravilla de chica excepto en los pequeños momentos en el que se le tuerce el cable y se vuelve desagradable, esto sucede únicamente cuando haces algo que no le gusta.

Esta mujer tan buena y simpática que produce simpatía hacia ella allá por donde va se separó de su marido. Pese a tanta simpatía, no titubeó ni un segundo cuando le quitó el chalé que él había estado construyendo largos años con su esfuerzo. También le quitó a su hijo y lo aleccionó contra él a tal punto, que el hijo no quiere llevar el apellido de su padre. También le quitó el coche, en fin, que el que era su amado esposo se convirtió en su odiado enemigo.

Esto te tiene que hacer reflexionar como son. Cuando eres "el hombre" son buenas, pero como las defraudes ellas se vengarán por todo ese tiempo que piensan que perdieron contigo. Un tiempo que podrían haber dedicado al verdadero hombre, a otro que las hubiese tratado mejor, o al menos no decepcionado tanto.

Esta es la mujer más buena que conozco. ¿Es mala?, no, es como tiene que ser. Cuando las involucras en algo como el matrimonio, a mayor involucración que ellas hagan, más te lo harán pagar después. Cuando decidan que ya no eres "el hombre", lo pagaras a un precio enormemente caro, ¡disparatado! Así son las cosas, y así debemos aceptarlas.

Esta es la mejor mujer que conozco, peligrosa para los que la fallan, agradable y simpática para los que la follan, a no ser que seas el marido y la defraudes.

Esta mujer está encantada conmigo y me llama habitualmente para ir por ahí con ella, pero como no me involucro una puta mierda, ni la involucro a ella, tampoco la decepciono, y así puedo estar saliendo por ahí con la fiera sin que me ataque.

Un seductor es un domador, un maestro en seducción es un domador osado que sabe manejar la situación con temple e imponerse. El maestro en seducción siempre es un valiente, un héroe, pues tiene a mujeres que se comportan como auténticas fieras, a raya. Son muchas y no le atacan casi nunca, y cuando lo hacen, él sabe defenderse. Lo más.

Esas con las que vas han destrozado a muchos hombres, ahora se muestran mansas y dóciles ante tu fucking power. También ante tu fucking polla se muestran sumisas, pero eso sólo les dura un rato, y como no puedes estar follándolas las 24 horas, tarde o temprano tendrás que aguantar otra vez a las fieras, tratando de matarte.

Todo domador tiene su látigo, sirve para imponerse y hacerse respetar, tú también tienes el tuyo, no, no es la polla, eso no basta para domarlas, el arma definitiva se llama "la dark seducción".

Si el domador titubea, si ven debilidad, se lo comen vivo.

Masculinidad.

He escrito libros enteros dedicados a la masculinidad, por esto parece que no haya nada más que contar sobre este tema, pero eso no es verdad, hay más cosas que contar. La verdad es que, los hombres, hemos perdido masculinidad debido a la pérdida de testosterona. De hecho los hombres de los años 70 de 75 años tenían 800 (no me preguntes que medida es) y los de ahora de 25 años tienen sólo 550. Eran más machos los viejos de hace 50 años que los jóvenes de ahora. Esta masculinidad esta rebajada por los productos alimenticios industriales que nos obligan a comer en los supermercados. Ve a medirla a los de la tribu de la selva de papúa nueva guinea a ver cuánto da.

Otra parte de esta pérdida de testosterona proviene de que los trabajos que realizamos ya no requieren de fuerza física. Antiguamente todos los trabajos requerían de fuerza física.

El guerrero, el porteador, el agricultor, el cazador, el que trabajaba en el molino, el pescador, el constructor, todo lo hacían a mano. La gente tenía testosterona y eran fuertes y machos. Ahora no es así, ahora tenemos al programador informático que mueve el dedo índice del ratón, tenemos al escritor como yo que se sienta a hablar y el programa de reconocimiento de voz ya escribe por mí lo que digo, no hace falta ni escribir, también tenemos al funcionario, que el único trabajo que realiza es ir al lugar de trabajo, después está allí sentado ocho horas y se vuelve a su casa. Casi no hay trabajos que requieran esfuerzo físico, y por ello, se pierde esta masculinidad.

La música también es importante, hoy en día no hay más que reggaetón con autotune que no se entiende ni lo que dicen. Incluso he oído cantos gregorianos de monjes con el dichoso autotune. ¿Esto qué es? ¿Meditation mix? Da risa. Ya no hay bandas de rock, antes había bandas de rock con tipos realmente duros, auténticos rock star.

Es por ello que hay que **ejercitar** esta masculinidad. Últimamente me estoy fijando mucho en los herreros, esta gente construye sus cuchillos y espadas en las forjas de sus casas. Estos hombres son tipos realmente rudos que hacen obras de arte con su martillo y forja. Esto pone musculoso, el calor también ayuda a adelgazar, es una actividad que me parece de súper macho.

También existen grupos musicales que son como una vuelta al pasado, salen tipos súper masculinos haciendo música vikinga y nórdica. Estos tipos salen a pecho descubierto caminando por la nieve con hachas, vestidos como vikingos, practicando luchas y tocando tambores.

Tocar el tambor es una actividad de tipo duro, un tipo muy musculoso y guerrero. El tambor es lo que más empodera, por ello los llevaban los árabes a la batalla, les llamaban "tambores de guerra". Con su estruendo intimidaban al enemigo.

Un hombre invencible oye siempre música de tipos duros y por supuesto de tambores. Además de empoderarte con su sonido, te ayuda también a entrar en trance, un trance fiero y guerrero.

Los escoceses me parecen tipos realmente duros, así como los rusos. En Escocia hay un montón de grupos que tocan gaitas, guitarras rock, y una cantidad enorme de tambores, que te devuelven al macho duro de antaño.

La vestimenta.

Este es un tema un poco controversial, porque lo normal es querer maximizar tus opciones para seducir a las chicas vistiéndote muy bien y luciendo muy atractivo, con chaquetas, trajes, ropas caras y zapatos buenos, también perfumes y complementos. Esto está bien y es verdad que da más poder, pero yo no lo sigo en exceso. A mí me gusta ponerme dificultades, por eso me fijo especialmente en tipos que van muy mal vestidos, pero que proyectan fuerte masculinidad.

Me parece que cuanto más mal vestido va un tipo, menos está intentando agradarlas ni seducirlas, está contento consigo mismo y le importa una puta mierda lo que opinen todos, esto incluye a las mujeres. Vestir mal es de tipo bien duro.

El estar vistiéndose siempre muy guapo, es una pequeña blandeza, que denota, que tú no tienes el poder total para seducir tías por ti mismo, o al menos, tienes dudas, y por ello, para asegurar, tienes que ponerte todo tipo de complementos para sentirte atractivo. Cuando uno es súper poderoso va vestido de cualquier manera y es atractivo. Puedes ser atractivo vestido con un peto hasta casi el cuello sin nada por debajo, o andando en chanclas por la calle, o en pantalón corto, o en bañador, o de cualquier manera, como los redneck americanos.

Es cierto que esto te va a cerrar puertas con mujeres muy superficiales, mujeres por así decir, pijas, que van de finas, de elegantes, pero incluso a alguna de estas le puedes gustar si te conviertes en un tipo musculoso, definido, fuerte y macho.

Si sientes tu fucking power fuertemente podrás vestir como quieras, incluso ir descalzo por la calle y te verán masculino y macho. Les darás un poco de miedo, porque no están acostumbradas a tal seguridad. Tú no te preparas para ellas, tú eres lo importante, tú y tu comodidad, ellas no condicionan tu manera de vestir.

Por esto pienso que el seductor que va vestido como le da la gana, que va con el mono de mecánico, que va manchado de grasa, o con el traje de la obra, o de pintar la casa, o de levantar el muro manchado de cemento, es más poderoso que el que va vestido de Armani.

Si estás metido en ambientes muy finos, (eh productor), yo recomiendo que vistas fino para estar integrado en ese grupo social, porque el ir mal vestido produciría un rápido rechazo, pero, una vez seducidas, deben de ver también tu parte masculina, el tipo rudo, tu versión como mecánico que arregla el coche, como hombre descuidado que hoy no se ha afeitado, como powerlifter haciendo pesas. Ellas también deben ver en ti un macho desaliñado, que será menos guapo, pero más masculino. A algunas les va a gustar más esta versión que la versión vestida de marca.

Si ya eres atractivo vestido de cualquier manera, ¿qué serías si te vistieses bien? algo tremendamente potente.

Entonces resumiendo mi pensamiento, te digo que ir siempre muy mal vestido está mal, porque tú mismo minimizas excesivamente tus oportunidades, pero ir siempre muy bien vestido, también está mal, porque muestras excesivo interés en agradarlas y gustarlas, y eso, es una debilidad. Un tipo duro de verdad está musculado, bastantes veces viste como le da la puñetera gana, y aun así, atrae a las mujeres.

Eliminación.

Muchos se jactan de cuántas chicas se han ligado cada año, y van por ahí presumiendo de sus éxitos. Bien, eso es nivel iniciación, cuando uno se convierte en maestro en seducción no presume de las que se liga, presume de las que elimina, de todas las que son abusadoras y malas que ha conseguido quitar de su vida. Presumes de dejar de sufrir el terrible, desagradable y constante incordio, que crean con sus quejas y exigencias. Tu fucking power lo agradece porque te respetas a ti mismo, y esto lo incrementa.

Eliminar gente tóxica de tu vida es tu obligación: ese amigo que desaparece, esa amante exigente de más, esa que pretende abusar. Están mejor fuera que dentro, no se debe uno comunicar con ellos para nada. La única comunicación posible es para darles de baja por sus decepcionantes conductas. Además se les explica el por qué de su eliminación, para que la poca conciencia que les quede, les remuerda. Pura dark seducción.

Las mujeres buenas se adquieren contento y se eliminan ni contento ni triste, quizá un pelín triste en algunos casos, pero rápidamente contento, por saber que has hecho lo correcto, e ilusionado, porque tienes el tiempo para hacer nuevas adquisiciones.

Las mujeres malas se adquieren estando triste y se eliminan estando contento. Se adquieren estando triste, porque pese a que sabes que te van a dar problemas, tienes que sumar. Esto es peligroso y sólo lo haces las escasas veces en las que te sientes un yonqui de la seducción, y, aunque sabes de su gran problemática, las adquieres igualmente. Esto es una blandeza, necesitar con tanta intensidad ligar, que hasta adquieres mujeres que sabes que son malas. En estos casos cuando realmente estás feliz es en el momento de la eliminación. La mayoría de las veces eres inteligente y ni siquiera vas a seducirlas por su enorme y clara maldad.

El proceso productivo es así, para poder eliminar a gusto, primero hay que adquirir. El éxito del año se cuantifica en función de las chicas que has eliminado, no de las que has adquirido.

Estas eliminaciones son enormes triunfos en el caso de chicas malas.

Es de mucho más maestro eliminar que adquirir.

Algunos hombres buenos.

Ha habido muchos hombres que han resultado tremendamente dañados en la interacción con las mujeres y también por la vida misma. Estos hombres tienen una característica común, y es que han tolerado los abusos y se han convertido en personas dependientes de los demás, personas que no tienen vida por sí mismos. Esta debilidad de carácter es detectada por mujeres interesadas que acuden a ellos a sacar tajada. Los débiles, los blandos, no saben decir la palabra mágica, el "no". Todo el mundo abusa de ellos. Así, poco a poco, van perdiendo autoestima. Acaban siendo pesimistas y derrotistas con ellos mismos. Visualizan un futuro de fracasos, que lamentablemente, se materializará mucho más fuerte de lo que imaginan.

Algunos acaban en el geriátrico a la edad de 53 años, otros frecuentan psiquiátricos, otros son apestados sociales que no tienen ningún amigo, ni vida social, ni capacidad de relacionarse con nadie, y permanecen en sus casas, encerrados hasta su muerte. Otros se vuelven misóginos de más, otros depresivos. Muchos de ellos se refugian en la religión como tabla de salvación. La religión que les llevará a una vida mejor. Están esperando la próxima vida porque esta ya la dan por perdida.

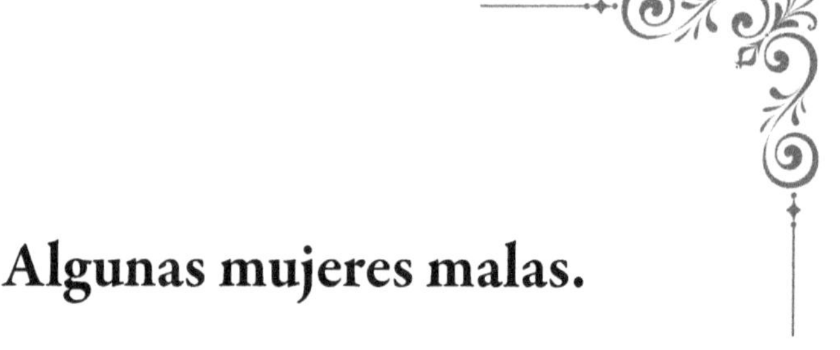

Algunas mujeres malas.

Una mujer mala es una bendición. Es una bendición porque realmente es insoportable, y tras un poco de contacto con ella, enseguida quedas aborrecido de sus exigencias, abusos, y malos comportamientos. Lo bueno es que gracias a esto tendremos la excusa perfecta para dejarla, nos lo puso a huevo.

Son merecedoras de la eliminación y lo saben. Cuando las dejamos ya hemos sacado nuestro buen beneficio sexual, pero ni pensando así, sólo en lo sexual, es recomendable continuar con ellas, pues el daño que causan con sus abusos es muy grande, por esto no deben, ni pueden, ni suelen, durar.

Para lo único que sirven es para incrementar nuestro número de conquistas. Son números, fucking números, ni siquiera las recordamos, son realmente insignificantes.

Haz que esta mujer salga rápido de tu vida, ello te hará poderoso. Estarás ansioso por dedicarte a tu producción, pues esto ha sido una puta mierda. Una mujer mala si cae en las manos de un hombre invencible, es una mujer buena. Estas son nuestro mercado, las que posibilitan que nuestra producción sea masiva. Un hombre invencible agradece que aparezcan estas mujeres.

Las pone en su sitio, se hace respetar y se reequilibra el sistema.

Algunas mujeres buenas.

Estas mujeres buenas, bondadosas hasta decir basta, son muy difíciles de eliminar, siempre están haciendo buenas acciones, mostrando cariño, comprensión, te aguantan todo, y no se van hagas lo que hagas. Esto es un problema muy grande.

Están ahí esperando a que aflojes tu producción, agazapadas para cazarte, siempre están ahí disponibles. Al final acaban aderiéndose a ti por su extrema bondad y cuesta un montón zafarse de ellas. No te hacen nada malo, y ahí está el problema, te van debilitando poco a poco, algunas pueden atraparte. Por eso, si no quieres tener una relación seria y formal, ligarte a una mujer buena, es malo.

El capítulo más importante de todos los libros.

He llamado a este capítulo "el capítulo más importante de todos los libros", porque pienso que es realmente el capítulo más importante de todos los libros que he escrito. Creo que si no eres un místico, una persona con inquietudes más allá de lo terrenal, probablemente te parezca horrible este capítulo. Lo se, se que soy un coach de seducción y no es esto lo que se espera de mí, pero es que soy algo más que un coach, pero tranquilo después de explicar todo esto de un modo profundo, me estaré calladito y no diré más cosas místicas.

¿Cómo materializar lo que queremos?

En el libro JD absoluta seducción expliqué las capas en las cuales debe estar segmentada tu cabeza. En el libro "como materializar lo que deseas con el fucking power" expliqué cómo materializar, pero no junté ambas cosas, aquí lo voy a hacer.

Explicaré las cosas desde el origen, por místico y extraño que parezca, hasta llegar a la cosa más superficial del mundo.

Comienzo, en el plano astral, en la otra dimensión, existe una energía infinita cargada de amor y paz, a esta energía, a este poder infinito, se le puede llamar Dios, se le puede llamar universo, yo lo he llamado el fucking power.

Pues bien, desde esta dimensión que imaginemos es un océano infinito, se levanta una especie de embudo a través del cual pequeñas partes del fucking power cambian de dimensión y entran en el mundo físico. Este fucking power crea una materialización, un ser, ese ser eres tú. Esto lo hace porque quiere experimentar el mundo físico a través de ti y de todos los seres.

Por eso decimos que llevas la chispa divina dentro, y es verdad, tú formas parte del fucking power infinito.

Aquí en el mundo físico vas viviendo tu vida sin saber quién eres realmente. Las leyes naturales de atracción hacen que te empiecen a gustar las chicas y quieres obtenerlas. Lees libros de seducción y cosas que se quedan en la superficie, sin llegar al fondo de la cuestión, sin dar todas las respuestas. En este fucking capítulo vamos a llegar a ellas, ya verás.

Así pasan los años, sufriendo y disfrutando este mundo físico, hasta que un día, a través de la meditación, o de la relajación profunda, o simplemente entrando en trance, con música, con un tambor, o simplemente de modo espontáneo sintiendo algo profundo dentro de ti, algo aparece de repente, es una visión, o más bien una sensación la mayoría de las veces. En ese instante de alguna manera, eres consciente de que tienes este inmenso poder.

Esto es lo más difícil de todo, conectar con el otro lado, ser consciente de que tienes el fucking power, y no solamente ser consciente de que lo tienes, sino sentir que tú eres el fucking power.

Esto es algo que la mayoría de las personas jamás alcanzan, y así, viven sus vidas enteras sin saber quiénes son y sin sentir el fucking power.

Tú que ya sentiste el fucking power, aunque no lo consigas entender totalmente, sabes que hay algo más allá de ti, un yo superior, una energía, algo infinito.

En mi caso por ejemplo, fui consciente de que con certeza vendrían cosas buenas a mi vida. Esto me ocurrió oyendo una canción, en ese momento sentí un enorme poder que no sabía de dónde venía, ni sabía nada, pero sí que sabía que todo lo que deseaba se iba a manifestar.

Con el tiempo leyendo libros místicos te das cuenta de que ese momento crucial, esa pequeña iluminación, esa consciencia, es el punto de partida para cualquier cosa que deseemos tener en nuestra vida.

Entonces, más adelante, años después, profundizando aún más, te das cuenta de que no eres más que fucking power manifestado y consciente de si mismo. Entiendes que realmente no eres tu cuerpo físico ni tu mente, sino energía infinita consciente de sí misma, consciente de que está manifestada en este plano.

A partir de ahí todo es mucho más fácil, entonces cuando has adquirido consciencia de quien eres, te das cuenta de que lo que antes llamabas ayuda divina no es tal, porque no es algo externo a ti, sino que tú y el fucking power sois uno.

La primera revelación es.

"Yo y el Fucking power somos uno".

Por eso todo aquello en lo que enfoques tu atención se acrecentará, crecerá por el enorme poder que tu fucking power te da.

Quienes han llegado hasta aquí utilizan su fucking power para crear lo que ellos quieran, una obra de teatro, una escultura, un edificio, un coche, lo que sea.

La segunda revelación es.

"Soy el hombre invencible".

Un hombre que tiene el fucking power consigo mismo es por lo tanto un hombre invencible. Es un hombre, que en aquello en lo que se concentre, va a triunfar.

Ahora voy a centrarme en la seducción por superficial que parezca. Entonces, tú ya eres consciente de que eres fucking power manifestado en este plano, por lo tanto empiezas a exteriorizar este poder en lo que deseas, como quieres ser un seductor, pides ayuda al fucking power para que te guie sobre lo que tienes que hacer, y lo primero que te dice es.

"Yo Soy el mejor seductor".

Así que la tercera revelación es.

"Yo Soy el mejor seductor".

¿Cómo no vas a serlo si tú y el fucking power sois uno? El fucking power se manifiesta diciendo "yo soy el mejor seductor" y realmente lo eres, pues tienes el poder de todos los seductores de todas las épocas de la humanidad. Tomas consciencia de que eres un hombre altamente seductor, el mejor.

Después piensas que los demás no están conscientes de este fucking power, y que muchas veces por esa sensación de vacío y envidia que tienen, te van a atacar. Por lo tanto tú, que de fucking power puro te has materializado en hombre invencible, dictas la siguiente frase que es la cuarta revelación y dice así.

"Yo me hago respetar".

Cómo te quieres hacer respetar en la seducción y en todo en general, por ello poco a poco, con la experiencia va surgiendo la dark seducción. Surge como una adaptación, como un arma defensiva, como una coraza que protege tus dos identidades más profundas: el hombre invencible y la más profunda de todas, el fucking power manifestado.

Esta dark seducción surge porque recibimos muchos ataques envidias y quejas.

Además el fucking power te dice que eres superior. Aunque en el fondo todos somos uno, no todos están conscientes de quien son, por ello aquí en el plano material si eres superior. Superior porque los demás no están conscientes de ser fucking power manifestado y sólo vibran en una vibración muy baja.

Ellas suelen estar por debajo en su despertar, están en un océano de superficialidad desconectadas de su fucking power, por eso están por debajo, y si no lo están, aplicas la dark seducción y las pones debajo. Las pones debajo porque sólo así te verán poderoso y les gustarás de verdad, porque sólo así sienten tu fucking power que las impresiona. Esto viene de los tiempos de las cavernas donde a ellas les atraía el hombre fuerte, el que las defendía y protegía de los peligros. Por eso, para atraerlas de verdad, ellas te deben de ver por encima de ellas. Por todo esto lo siguiente que emana del hombre invencible es esta quinta revelación que dice así.

"No las Valoro".

No las debes valorar porque en este mundo la bondad se paga, la excesiva valoración es pagada con desprecio. Esto sucede por cuestiones genéticas ancestrales del hombre de las cavernas que no las trataba excesivamente atento, coincidía que este tipo fuerte y macho era el que mejor las protegía, así que ellas asociaron este tipo fuerte y macho a su supervivencia y por ello aun hoy en día rige este criterio en su selección. Ellas prefieren al hombre más rudo y malo que las valora muy poco o casi nada. Esto no tiene nada que ver con el misticismo pero también es importante.

Lo siguiente que el hombre invencible hace es emanar bien las cualidades masculinas. Una vez defendida nuestra identidad más profunda con la dark seducción, hemos protegido nuestro fucking power manifestado y consciente y nuestro autoconcepto como hombre invencible. Ahora mostramos la parte que emerge de la dark seducción, la parte más amable que se manifiesta en primer lugar es un cuerpo y mente muy masculinos, por lo tanto la emanación que sale del hombre invencible es la sexta revelación que dice.

"Yo soy masculino".

Esto atrae a las chicas y les gustas sin necesidad de emplear ningún método de seducción. Tienes una esencia atrayente que emana de lo profundo. Estás contento porque eres el fucking power que se manifiesta en un hombre invencible, usas la dark seducción con lo cual estás protegiéndote de todos los ataques, tienes masculinidad.

Ahora sientes goce, encanto y carisma, al ser consciente de todo tu poder, por consiguiente lo que el hombre invencible dice ahora serán dos afirmaciones en las que una es consecuencia de la otra.

"Yo soy el sinvergüenza encantador". Y por lo tanto

"Yo soy alegre y divertido".

Para ser el sinvergüenza encantador alegre y divertido, sólo tienes que seguir los métodos racionales que he inventado fruto de mi trabajo de campo y de la observación atenta. Son métodos creados racionalmente pero que tienen una base emocional y mística profunda, porque emanan de la alegría de saber que el fucking power y tú sois uno, y por eso es muy fácil desarrollar lo que finalmente la gente ve: el método jd y el método el edp.

Con el método jd serás divertido, desinhibido, despreocupado, confortable, cómplice, y descarado si es necesario.

Con el método edp serás la estrella distante y peligrosa que realiza estas acciones

Divertido, desinhibido, despreocupado, confortable, estrella, bondadoso.

Fruto de todo este largo proceso de meditación, concienciación y experimentación, ocurrirá que se materializará aquello en lo que te concentras, las chicas.

Las chicas aparecerán, chicas a las cuales les gustas y las seduces fácilmente. Estas serán las materializaciones que tú creas con todo este proceso.

Ahora viene lo más mundano, y es que, ¡por supuesto! nada se materializará sólo pensando. Esto ayudará muchísimo, pero no será suficiente, **deberás de practicar en el terreno de juego,** para que todo este trabajo mental, pueda realmente manifestarse. Cuanto más trabajo mental hayas hecho, más fácil te será materializar tu fucking power y convertirlo en victorias, y menos sufrimientos correrás. Aún así, y pese a todo el trabajo mental, deberás pasar un largo y duro proceso de aprendizaje en el terreno de juego. Cuanto más fucking power sientas, lo que ves en tu mente se materializara mas rápidamente en tus interacciones físicas reales. Esta será la parte que requerirá demás tiempo, la parte de realizar en el mundo real tus interacciones.

A más dedicación le pongas antes triunfarás, a más fucking power sientas fruto de todo este proceso mental y espiritual al que también podemos llamar, juego interno, más fácil se materializará todo, necesitas ambas partes.

El juego interno, la visualización no es otra cosa más que establecer conexión entre tú yo físico y el océano del fucking power. Esto hará que se produzca una especie de embudo doble que conecta las dos realidades, por donde fluye hacia el mundo material el fucking power,

Este fucking power luego de este trabajo interno, o juego interno, producirá estas materializaciones a las que llamamos chicas que ligamos. Para poder desarrollar a tope tu fucking power debes de meditar y visualizarte en tu papel exitoso con la pantalla mental. Por eso es tan importante la visualización, por eso, la visualización parece magia, porque realmente haces cosas mágicas.

Y esto amigos míos es la explicación de todo, de cómo desde lo más místico se llega a lo más material.

Cualquier cosa que queramos manifestar deberá ser realizada igual que en este proceso, sintiendo el fucking power y canalizándolo hacia aquello que nosotros deseamos. Gracias por escuchar estas palabras tan místicas.

Ahora sólo hablaré del hombre invencible y de seducción.

Exterior
Soy alegre y divertido
Soy el sinvergüenza encantador
Soy masculino
No las Valoro
Me hago respetar
Soy el mejor seductor
Soy el hombre invencible
Yo y el Fucking power somos uno
Meditacion y concienciacion
Esencia
JD y EDP
Dark seducción
El hombre invencible
Fucking power materializado y consciente
Conexión
Exterior
Soy alegre y divertido
Soy el sinvergüenza encantador
Soy masculino
No las Valoro
Me hago respetar
Soy el mejor seductor
Soy el hombre invencible
Yo y el Fucking power somos uno
Meditacion y concienciacion
Fucking power infinito

Meditación para sentir el fucking power.

Sé que antes dije que no hablaría más de cosas místicas, pero me he olvidado de la meditación para conectar con el fucking power, así que pido perdón y te cuento esto, prometiendo que este si será el último tema místico que voy a tratar.

Para sentir el fucking power bien tenemos que ponernos en un estado de relajación profunda. Ello lo conseguiremos poniendo una música rítmica y relajante, respirando muy hondo pausadamente, estando con los ojos cerrados, sentados en una posición relajada. Entonces, cuando estemos relajadísimos, visualizaremos una luz blanca que sale de nuestro pecho. Esta luz es nuestro fucking power que nos envuelve y nos da el poder.

Estaremos así una media hora como máximo, respirando, oyendo música de relajación, y viendo esta luz blanca que nos envuelve. Esto crea la conexión con el depósito infinito de fucking power. El doble embudo se hará más ancho y entrará más fucking power en nosotros. Con esta conexión más fuerte con nuestro fucking power podremos materializar mucho más fácilmente lo que queramos, ya que tendremos mucho más.

Nunca rendirse.

Un hombre invencible nunca se rinde. Un hombre invencible es como los espartanos, no hay escape, no hay rendición. Cuando se plantea un objetivo va a por el con todo. Es decir con todo su fucking Power. Se concentra en ese objetivo y no para hasta conseguirlo, da igual si tiene que pasar 50 años sacrificándose y renunciando a montones de cosas de su vida, el hombre invencible no se rinde jamás y continúa peleando hasta el último aliento.

Otra característica del hombre invencible es que nunca se queja, el hombre invencible sabe que sobre él recae todo. Es mandado a la guerra y no se queja, es acusado en falso de cualquier mierda y no se queja, porqué quejarse es de débiles. El hombre invencible asume su responsabilidad, esa carga es su carga, sea justa o injusta. Después ya combatirá esa acusación o esa acción que le discrimina, pero en un principio carga con ello sin quejarse.

Por difícil que sean las cosas, sea lo que sea lo que le suceda, el hombre invencible no se queja jamás de nada, siempre está contento, siempre se pone en acción para que se restablezca la justicia; porque el hombre invencible es un justiciero que busca el bien.

Quien hace mal a los que hacen el mal en realidad está haciendo un bien, así que como ya dije en dark seducción, haciendo el mal se hace también el bien. Además un bien muy grande, se restablece el equilibrio.

El hombre invencible tiene su criterio y premia y castiga según este.

El hombre invencible es como los espartanos, no hay retirada, no hay rendición, no hay eludir responsabilidades, el hombre invencible lucha y muere si fuese preciso, sin queja alguna, asumiendo su condición de hombre, y más aún de invencible.

Como el valiente que es, se mete como Don Quijote a deshacer entuertos, pero él no está loco, los locos son todos los demás que pretenden acabar con el hombre invencible.

El hombre invencible es el soldado que murió en la guerra, el descubridor que descubrió y exploró continentes, el constructor que erigió las pirámides, el inventor que inventó una máquina, el gobernador que administró su provincia, el indígena que defendió su territorio, el seductor que sedujo a las mujeres.

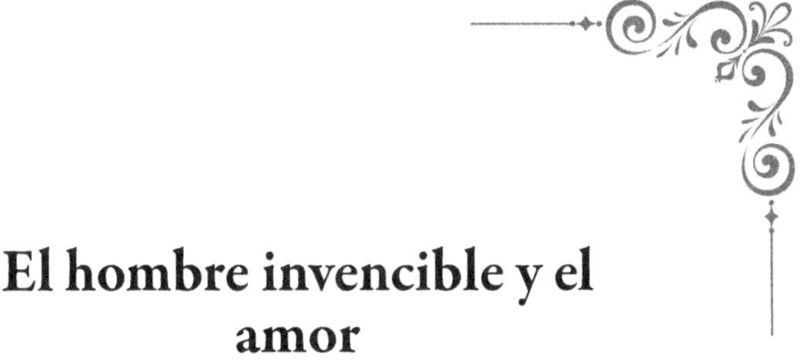

El hombre invencible y el amor

El hombre invencible cree en el amor, pero en un amor bueno, no en un amor corrompido por la necesidad y debilidad. El hombre invencible puede tener cientos de amores porque ninguno le va a causar mucho daño, él es fuerte. Por eso un seductor es un hombre invencible, un hombre que, por muchas relaciones en las que se meta, jamás sale excesivamente dañado, y si sale dañado se recupera fácilmente, porque él es fuerte, porque él sabe quién es, es un hombre invencible.

Al final crece el amor si tienes **presencia** es decir si de repente sientes el momento presente como si se parase el tiempo, también necesitas **consciencia** de lo que estás viviendo. A veces sin darte cuenta disfrutas el amor sin querer y de casualidad y es bonito también.

Sabes que podría acabar en cualquier momento y estás preparado. Son momentos, sensaciones que vienen y van. Un humo que a veces se hace líquido y permanece un poco más. También son cosas buenas que te llevas de esta vida: los goces sentidos, las sensaciones vividas, las ilusiones. El amor es 90 % ilusión y 10% real. Es la ilusión que tú tienes por sentirlo. Si estás un poco atontado lo podrás sentir también. Sabes que el dolor puede llegar y con gran probabilidad llegará, pero disfrutas a veces también estos momentos. Después de que este amor pase, si pasa, que es lo que sucede en la gran mayoría de los casos, quedarás dañado por haberlo sentido, en esta ocasión perderás de paliza en este juego.

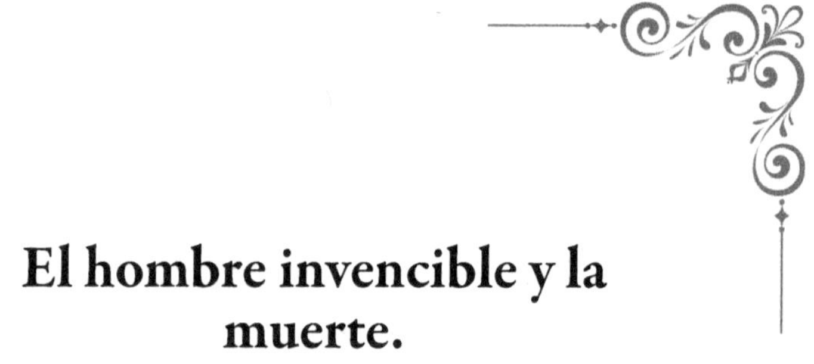

El hombre invencible y la muerte.

De repente un día inesperado alguien se va y no tuviste tiempo ni de prepararte para ello, ni de despedirte. Esto te deja triste y apenado, pues te das cuenta de que la vida pasa tan rápidamente que ni te enteras. Por ello hay que aprovechar todos los momentos, porque no sabemos tampoco cuando nos iremos nosotros. Nadie tiene la vida garantizada para siempre, todos moriremos, incluso el hombre invencible morirá.

Otras veces no es la muerte lo que encuentras, sino un accidente grave. Este accidente ha podido ocurrir con una moto, o con un coche, una caída, algo fortuito. También puede que no sea un accidente, sino un revés económico, emocional, un golpe a tu vida que no te esperas. Quizás seas muy merecedor de esto pues arriesgaste en exceso, no importa, nunca nos arrepentimos. A todo ello le vamos a llamar accidente.

El caso es que tarde o temprano este accidente puede ocurrir y hay que estar preparado también. El hombre invencible deja sus cosas bien organizadas y el que venga después puede continuar su legado.

Si el accidente no es muy grave el hombre invencible lo aprovecha. Así puede empatizar en el hospital con las enfermeras que lo cuidan por ejemplo, cualquier momento es bueno para establecer relaciones con chicas guapas. Aun así estando dolorido, el hombre invencible conserva su atractivo intacto.

Recuerdo cuando me operaron de apendicitis a los 18, estaba muy delgado y apenas podía andar más que agarrándome a las paredes, porque me hacía daño la cirugía. Vinieron a verme algunas chicas que quedaron impresionadas por esa sensación de vulnerabilidad, el verme debilitado les debió de despertar un instinto maternal de protección. El caso es que todas dijeron que estaba más atractivo que nunca. En un hospital convaleciente de una operación también estás atractivo y eres un hombre más invencible todavía.

Si un hombre invencible finalmente muere se pierde esa persona, esto es malo, pero peor aún es el hecho de qué se pierde su conocimiento. El hombre invencible atesora infinidad de sabiduría, y si no la deja por escrito, todas esas experiencias se van y nadie puede acceder a ellas.

Por ello los hombres invencible son precavidos en este caso y dejan todo escrito, dejan sus memorias, su experiencia de la vida, y gracias a esto nunca mueren, son recordados y admirados mucho tiempo después de su muerte; a veces siglos después, a veces milenios.

El hombre invencible queda en la cabeza de los que le conocieron, en sus memorias, en sus libros, en sus videos. El día que el hombre invencible muere es el día en el que nace el mito y se convierte en inmortal.

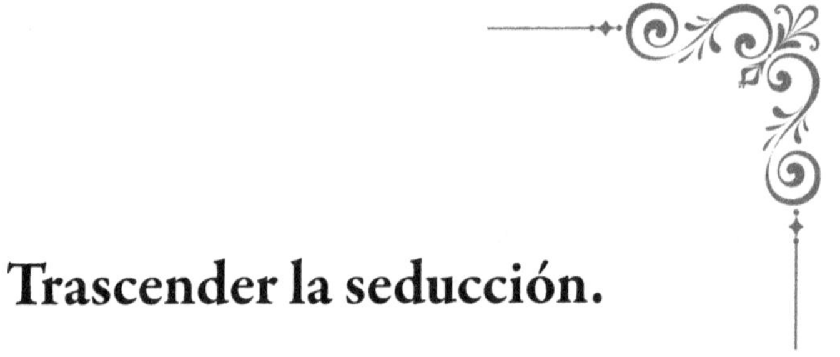

Trascender la seducción.

El hombre invencible domina la seducción totalmente, y esto ya es tan fácil que busca nuevas cosas en las que destacar, así le da por hacerse rico, ser famoso, o hacer acciones osadas y aventuras varias. El hombre invencible tiene confianza infinita en sí mismo y nada se la puede quitar. Ni la enfermedad ni el dolor ni los problemas que pueden aparecer le quitan su confianza. El hombre invencible hace lo que le apetece, no rinde cuentas a nadie, se divierte como el que más, y respeta sus propias normas, no otras, él rige su mundo. Y como vive así: alegre y despreocupado, ello acrecienta su carisma, pues las chicas lo ven diferente a todos los demás, él no se preocupa en agradar, ni en estar guapo, ni en nada, se ocupa solamente de aquello que le apetece.

El hombre invencible ya no aplica la dark seducción, porque eso es para gente que es afectada por lo que ellas hacen. El hombre invencible sigue su camino porque realmente no le hacen ningún daño. El hombre invencible no sufre ni se enfada. Ya sabe como son y lo acepta. El hombre invencible siempre está contento, nunca se queja Aceptará todo lo que le venga, vivirá su vida exactamente como él quiso, no se apegará a trabajos, ni a personas ni a nada.

Se divierte tocando el órgano, marchando de viaje, o ligando a una señora atractiva, o tal vez a una guapa jovencita. El hombre invencible rige su vida y la vive como él quiere.

La maldad.

Hoy en día los que mandan son gente abusiva y profundamente mala, ellos van de buenos y nos llaman malos a nosotros, a los hombres invencibles, a los que combatimos la injusticia. Así que traduciendo esto, nosotros los malos somos los buenos, y, ellos, los buenos, son los malos.

Nosotros nos regimos por nuestra conciencia que nos dice lo que es bueno o malo, no por lo que nos dicen de arriba. Hoy en día los malos somos los buenos y los buenos son los malos, así que hagamos nuestra mala acción del día, que en realidad es una maravillosa acción, pues combate la injusticia de los supuestos buenos.

Las mujeres.

Mujer con la que la cagaste, mujer que se pierde para siempre, mujer que no puedes recuperar después aunque cambies mucho tu comportamiento. En algunos casos se puede recuperar, pero ello es extremadamente difícil. Si la mujer ha visto debilidad, ha emitido su juicio en un micro segundo y te ha descartado. Si has ablandado te has mostrado necesitado, sensible, cariñoso de más, ello no le habrá gustado y ahora va ser extremadamente difícil el seducirla o recuperarla.

Lo que debemos de hacer es acatar lo que dice, no nos quiere como amantes, no nos quiere para tener nada amoroso con ella, ¡estupendo! aceptamos que sea la amiga.

Ahora la vamos a mortificar constantemente con nuestros otros ligues, probablemente sus amigas, probablemente chicas que ella conoce. Entramos en la zona de amigos pero no nos centramos en ella, sino que la tenemos ahí de amiga, y, nosotros nos dedicamos, a todas, menos a ella. Entonces estaremos en la zona de amigos pero por la parte alta, a ella le generaremos atracción al máximo, pues siempre sienten envidia de las otras, siempre quieren lo que todas quieren.

Ella lo tuvo y lo perdió, ahora lo paga caro, ahora le damos su medicina, lo que ella nos daba antes, pero, aplicándolo nosotros. Ahora es nuestra amiga y no le vamos a dar ninguna oportunidad nunca, ese es un castigo, hacer lo que ella quiso.

Inmisericorde, no se ablanda nunca, ni se la vuelve a intentar seducir en la vida, queda ahí mortificada para siempre, arde en el infierno.

Nos dedicamos a todas las demás, siempre se consiguen mejores que esa que nos despreció.

Cuando no pensamos en ellas, no las valoramos y no las queremos seducir, cuando nos vemos por arriba, es entonces cuando nos convertimos en hombres invencibles, hombres que a veces son generosos y conceden, pero que ellas en realidad no merecen. No nos importan, no nos interesan, no las valoramos, no las admiramos, no les vemos la parte sexual, sólo vemos tonterías y engreimiento, solo vemos sus problemas. Nosotros estamos por encima de todo eso, y solamente mostramos un interés neutro en aquellas que vemos más bondadosas y divertidas. Jamás vamos detrás de ninguna, si la conseguimos bien, y si no, hay más, nunca les damos la satisfacción de rechazarnos. Cuando te cobras la pieza es porque estaba totalmente entregada. A veces si les damos esa satisfacción de rechazarnos, esto pasa rara vez y no nos importa una puta mierda lo que hagan o digan.

En realidad todo es un juego, nos lo pasamos bien y tenemos muchísimas conquistas porque no les concedemos demasiada importancia. Nos concedemos importancia a nosotros mismos y a nuestro mundo divertido.

El hombre invencible que llevas en ti conquista allá por donde va sin preocuparse demasiado de este tema. Para ti es algo normal, un favor que les haces a ellas, porque eres bondadoso y quieres que estén bien. Y si para estar bien tienes que acostarte con ellas, pues te sacrificas. Pobrecitas.

Frases de hombre invencible.

La indiferencia castiga más que la venganza.

Muchas veces ser duro significa hacerse el blando.

Cuando confrontas a una chica es cuando empieza a valorarte.

Los hombres invencibles no cuentan lo que están haciendo, cuentan lo que ya han hecho.

Esa chica que piensas que es buena es la que más te golpeará.

Todo lo que le pase a un hombre invencible es justo lo que necesita.

Los hombres invencibles no pueden ser vencidos ni matándolos, porque siempre quedará su espíritu libre.

El hombre invencible muchas veces es leyenda, y esta leyenda viene precisamente por preocuparse solamente en disfrutar.

Nunca trates de razonar con una mujer.

De ellas no puedes esperar más que: traición, mentiras y falsas promesas.

Tienes que vivir día a día como Rambo, cada día adaptándote al medio cambiante.

No existe el amor, el amor se fue en la infancia cuando dejamos de ser niños y nuestra mamá dejó de hacernos tanto caso.

Es más importante disfrutar que sumar.

Para sumar mucho hay que estar tranquilo y contento.

Al hombre invencible no le importa lo que le hagan, es como si él no fuese él.

Es de mucho más maestro decirles no que sí.

La autoexigencia es buena para crecer, pero en exceso supone una blandeza, pues te preocupas demasiado en eso y por ello le das poder sobre ti.

Todo lo que te preocupa tiene poder sobre ti.

Aquel que no se preocupa de nada, está por encima de todo, nada puede afectarle.

No te preocupes por mostrar quién eres, ella sabe quién eres mejor que tú.

El malo no va jactándose de ser el malo, sabe lo que les.

Los malos somos los buenos, los buenos son los malos.

En realidad hoy en día los malos somos realmente los buenos. Los que se dicen buenos son los malos.

Cada día puedes reinventarte y ser un nuevo yo mejor que el anterior.

A veces hay que destruir al antiguo yo, a veces hay que reformarlo, siempre necesita un pequeño cambio al menos.

Nos dicen malos, nos creemos malos, pero somos los buenos.

En el juego del amor los hombres somos los perdedores desde el principio de los tiempos.

En el amor no se puede ganar, como mucho empatar.

El fucking power crea una capa de protección sobre nosotros y salimos indemnes de grandes problemas.

Compórtate como si no tuvieras miedo a nada.

Compórtate como si supieras que no puedes fracasar.

Hoy es tu mejor día.

El fucking power te guía.

Diez consejos para que
rijas tu vida

1 No busques la aprobación de la gente.

2 Trabaja en ti física y mentalmente.

3 No justifiques lo que haces.

4 Exígete la excelencia en lo que hagas.

5 No persigas mujeres.

6 Crea tu propia fuente de ingresos.

7 Trabaja para alcanzar tus sueños.

8 Ponte metas elevadas.

9 No aceptes compañías que te distraigan en tu misión.

10 Prémiate tus triunfos.

La brutalidad de los hombres.

Los hombres hemos sido acuchillados, apuñalados, sableados, tirados al fondo del mar, fusilados, cortados la cabeza, electrocutados, disparados, reventados, crucificados, y un montón de barbaries más; y eso no lo han hecho las mujeres, lo hemos hecho nosotros mismos.

Los hombres somos los enemigos de los propios hombres porque somos muy salvajes, y pese a todo esto ¡aquí estamos!

La vida del hombre es durísima, el hombre es el que debía de traer el dinero a la casa, el que tenía que emigrar y dejarlo todo por mantener a la familia, el que iba al mar a pescar, al bosque a cazar, el que se enfrentaba a las bestias.

¡Somos bien salvajes! y así es como debe de ser, no debes de reprimir tu masculinidad. Hemos sobrevivido a todo especialmente a nosotros mismos, que hemos sido lo más peligroso para nosotros, y aquí estamos, un milenio más inventando maneras de ir a Marte y avanzando la ciencia.

Es peligroso ser hombre, pero debes de estar orgulloso de serlo.

El dolor.

El hombre invencible tolera el dolor, y no solamente lo tolera sino que incluso le gusta. Cuando un hombre invencible está sufriendo sabe que va por el buen camino. No se alcanza nada que valga la pena sin gran sufrimiento. Excepto con las mujeres con las que no hay que esforzarse y prácticamente vienen ellas a nosotros, en todo lo demás hemos de sufrir y hemos de pasarlo mal para conseguir lo que queremos.

Muchas veces poco antes de alcanzar el éxito llega el peor momento. Un momento terrible en el que parece que no va a ser posible conseguir nuestra meta. Un momento en el que los hombres normales se rinden, este es el momento que los hombres invencibles estamos esperando con ilusión, porque sabemos que después llega el éxito.

Cuando todo se tuerce, cuando el esfuerzo de muchos años se va al traste, cuando todo el trabajo hecho parece que no ha servido de nada, es entonces cuando surge el éxito de verdad. Cuando pasamos por este túnel sabemos que pronto llega la salida y que una luz cegadora nos espera.

Es muy duro sacrificarte, esforzarte, trabajar de sol a sol en algo, ponerle todo tu empeño, y ver que no solamente no nos acercamos al objetivo, sino que nos alejamos cada vez más. Pero esto es lo que suele pasar justo antes del triunfo. Al igual que el mar se retira cuando llega el maremoto, todo lo que hemos conseguido se nos retira injustamente y sufrimos un dolor impresionante. Después todo lo retirado nos es devuelto multiplicado por cien, por eso alégrate de sufrir, y más aún alégrate de no conseguir lo que quieres conseguir, ya viene. Alégrate cuando tus esfuerzos no solamente no son recompensados sino que son castigados, ahí es el momento en el que empieza la victoria. El trabajo bien hecho siempre tiene su recompensa. En la medianoche es cuando empieza el nuevo día.

Sexo, sexo, sexo y no olvides la violencia.

Como dijo el maestro Marilyn Manson en su canción "This is the new shit" traducido, "Esta es la nueva mierda" sexo, sexo, sexo y no olvides la violencia. ¿Qué pasa? por supuesto que sí, a los hombres invencibles nos gusta el sexo y lo practicamos todo lo que podemos con todas las que podemos. Sí, a veces estamos un poco obsesionados también con esto y queremos probar nuevas posturas, nuevas actividades, o simplemente disfrutamos las perversiones que se nos ocurren. ¿Y qué? Pues claro que sí, gracias a toda esta perversión la especie se reproduce, se forman parejas, se conoce gente y la vida avanza. Porque sí, follando conoces gente, es bueno para relacionarse. La mayoría de las veces no valen gran cosa estas mujeres que follas como personas, pero a veces son agradables y así aparte del disfrute del sexo, aumenta tu cultura, pues aprendes cosas de ellas. Siempre hay alguna que sabe hacer una comida especial, o que conoce un sitio, o que tiene una afición interesante que luego incorporas a tu vida. Haciéndote un gran mujeriego adquirirás una gran cultura y conocerás montones de cosas. No nos hemos de sentir para nada avergonzados de gustarnos el sexo, al revés tenemos que estar bien orgullosos.

Respecto a la violencia ¿pues qué decir? ¡Fantástica también! Los hombres estamos hasta las cejas de testosterona y no podemos estar tranquilos llevando una vida sedentaria de casa al trabajo y del trabajo a casa, tenemos que hacer actividades físicas intensas donde desarrollar nuestra: fuerza, competitividad y si fuese necesario hasta violencia.

No olvidemos la violencia, nos vuelve masculinos, nos hacemos respetar con contundencia, y lo más importante nos respetamos a nosotros mismos haciéndonos respetar. Una violencia generalmente en cuanto a actitud desafiante o combativa, no hace falta andarse dando de hostias, pero si fuese necesario para defenderse pues también se haría.

No olvidemos la violencia, ella nos llevó a vencer al oso cavernario, a matar al mamut, en definitiva, a sobrevivir en los tiempos de las cavernas. La inteligencia, la astucia, la fuerza y la violencia crearon este mundo.

Un hombre invencible es por lo general pacífico, pero a veces tiene que soportar situaciones abusivas, las cuales requieren su dosis de violencia. Entonces sacas a tu cavernícola interior, a tu jocker, y le das unas lecciones.

Hay dos tipos de lecciones:

- De vuelo
- De clavado.

La lección de vuelo consiste en golpear de abajo hacia arriba entonces sale volando y como he dicho pues eso, lo pones a volar como en "IT"

La otra variante es la lección de clavado, desde arriba te cuelgas de él y le das hacia abajo con lo cual le vas bajando su altura hasta llegar al suelo donde queda clavado y tranquilito.

Ambas elecciones son buenas, las de vuelo permiten más espectáculo, pero son más duras para él las de clavado porque requieren de diversos golpes para irlo atornillándolo al suelo.

Si, a veces es más satisfactorio poner a un imbécil a volar que acostarte con una tía buena.

Si, como decía el ilegal -soy un macarra soy un hortera y también voy a toda hostia por la carretera.

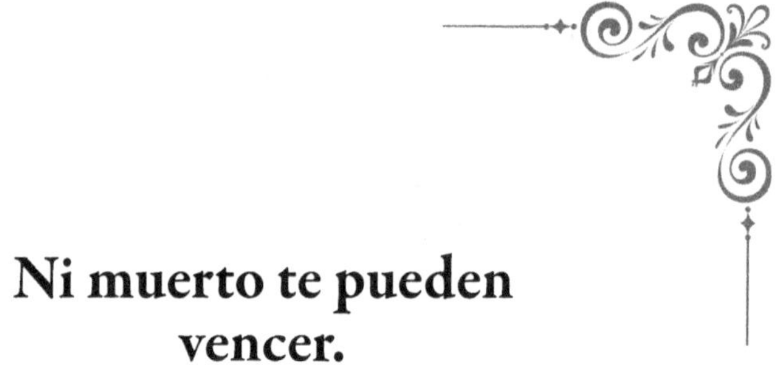

Ni muerto te pueden vencer.

Ocurrió una vez que un guerrero mató a otro, le cortó la cabeza y la llevaba agarrada de los pelos exhibiéndola ante sus aterrorizados enemigos. Lo que no sabía este guerrero es que al que le había cortado la cabeza era **un hombre invencible**.

Las cabezas cortadas algunas veces tienen unos pocos segundos de consciencia y pueden mover la boca, o los ojos o hacer alguna mueca.

Este enemigo con la cabeza cortada ya muerto en unos instantes, pero todavía vivo, tuvo un atisbo de conciencia. Supo que era una puta cabeza cortada y pudo ver o notar a su enemigo al lado de él y lo que hizo fue morderle con todas sus fuerzas en una pierna. Si, la cabeza del hombre muerto recién cortada le mordió al enemigo vencedor.

¿Y sabes qué pasó? esta herida se le infectó y como era en tiempos muy antiguos de la edad media, esto le provocó una infección general que acabó matándolo.

Antes de morir el guerrero que había cortado la cabeza dijo -¡derrotado por un hombre muerto1-.

Así es amigo mío, incluso después de muerto puedes vencer; a veces el triunfo llega cuando han pasados siglos de tu muerte y se te da el reconocimiento que no te dieron en vida. Otras veces pasan estas cosas extrañas como la que le sucedió al guerrero que fue mordido por una cabeza.

Por eso no puedes tampoco confiarte, si has vencido a tu enemigo debes rematarlo para que no se alce mas, o podría pasarte como a este guerrero.

El hombre invencible de verdad solo necesita un segundo para vencer.

Así es en los besos, así es en la vida.

Un segundo de precisión y te cobras esa nueva victoria.

El hombre invencible es un adicto a la victoria.

Lo que más le gusta al hombre invencible es vencer tener éxito lo que se propone, derrotar a los enemigos, alzarse, llevarse el triunfo, ser el ganador.

Por ello tiene fuerte competitividad, instinto depredador, confianza absoluta en sus capacidades, capacidad de sacrificio, fe en el fucking power, y certeza de que conseguirá lo que se propone.

El hombre invencible no titubea, ¡hace!

El hombre invencible logra sus objetivos.

El hombre invencible evalúa bien la situación y hace lo que sea necesario para triunfar.

Construyendo al hombre invencible.

El hombre invencible se construye con la mente. La realidad es una matrix donde vives en tu propia realidad. Esta realidad la construyes tu mismo y te afecta y condiciona toda tu vida. Recibes lo que piensas que mereces, te sometes a las leyes que tú mismo te creas. Realmente ni tú existes ni esto es la realidad. Por eso realmente no hay límites. Lee a Jacobo Grinberg y su "Teoría sintérgica".

Tú y el fucking power sois uno, tuerces la realidad a tu favor, porque la realidad que tú ves no es más que una convección que aceptas, es lo que tú proyectas con tu mente. Si piensas diferente proyectarás una realidad diferente. El fucking Power está en ti y en todas las cosas, debes activarlo creyendo en el, creyendo que lo tienes, que eres uno con el fucking power. Medita, deja la mente en blanco. Mira la luz blanca.

Entonces se producirán los milagros, todo será posible. Por eso tienes que concienciarte de que eres un hombre invencible.

El hombre invencible afronta cualquier reto. El hombre invencible nunca se rinde. Es más cuanto más difícil sea el reto más motivado estarás en superarlo. El hombre invencible quiere retos difíciles, retos que le exijan mejorarse. Hacer cosas normales y fáciles no es motivante.

Donde otros tienen miedo y no intentan, el hombre invencible se atreve.

El hombre invencible arriesga.

El hombre invencible va por la vida alegre y despreocupado, como si no fuese a morir nunca, o realmente no le importase.

El hombre invencible jamás se queda con ganas de hacer algo, siempre hace aquello que le parece interesante aunque sea arriesgado y difícil.

El hombre invencible se enfrenta a sus miedos, es justo y bueno, reparte alegría, felicidad, y amor; porque al final sí que se puede obtener el amor. Volviéndote una persona que deja de lado el hedonismo, deja de lado el disfrute, entonces podrías convertirte en alguien que consigue el amor, porque el hombre invencible consigue también esto si él quiere.

Nada ni nadie puede parar la voluntad de triunfar de un hombre invencible.

Afirmaciones de hombre invencible

Para acabar el libro voy a poner unas afirmaciones para repetir en tu fucking cabeza todos los fucking días hasta que las tengas incorporadas y queden ahí dándote el poder, para que te conviertas en un hombre invencible, un ser divino.

Si no les gusta como soy ¡que se jodan!

Soy como me da la gana ser.

Me importó yo.

Soy el mejor.

Que se joda el vecino.

Van a mandar a su fucking madre.

Hago lo que me da la gana.

Me siento bien.

Me gusta ser yo.

Amo la vida.

Disfruto.

Aquí y ahora estoy en el momento presente.

Me concentro en mi objetivo.

Digan lo que digan los Don Nadies, no me van a joder.

Triunfaré le pese a quien le pese.

Sí, soy un mujeriego ¿qué pasa?

Estoy orgulloso de hacer lo que hago.

Estoy orgulloso de ser quien soy.

Me admiro a mí mismo.

Nadie es más importante en este mundo que yo mismo.

Sólo me tengo a mí y a mi fucking power.

Soy invencible y ni matándome me venceréis.

Incluso en la derrota sigo siendo invencible.

Me enfrento a cualquier reto.

Mejoro todos los aspectos de mi vida que me importan.

Yo puedo conseguir absolutamente todo lo que me proponga.

La fe en mí mismo es absoluta.

Confío en mi fucking power.

Confío mi puto poder.

Lo que quiero lo tengo.

Mi vida es maravillosa.

Si mi vida no es maravillosa, me la construyo maravillosa.

No voy hacer nada por agradar a quien no me agrada.

Me agrado a mí mismo.

Me pongo metas ambiciosas.

Mi paso por esta vida será recordado.

Quieran o no quieran van a tener que oírme.

Estoy aquí para hacer el bien.

A veces hacer el bien significa hacer el mal.

Me siento muy contento haciendo lo que tenga que hacer.

Disfruto enormemente todo.

No hay castigo que no pueda soportar

Soy pleno y perfecto.

Trasmito positividad.

Soy positivo y atraigo positividad.

Soy fucking power manifestado.

Yo tengo el poder.

Recuerda que tienes el arma más poderosa del universo, un arma que siempre te va a proteger, llevar por el buen camino y darte un poder infinito. Sé consciente de que si desarrollas bien este arma vencerás en todo lo que te propongas. Crees en tu fucking power infinito y divino, el cual acrecientas con meditación y concienciación. Cuando tú y el fucking power sois uno todo es posible.

Shackleton.

Shackleton fue un hombre invencible que se embarcó junto con otros buenos muchachos a la aventura de explorar el polo sur. Su barco quedó atrapado en los hielos y finalmente fue tan aprisionado que se destruyó por completo. Él y toda su tripulación quedaron aislados en el mar helado y sobrevivían comiendo focas, e incluso jugaban al fútbol. La moral de toda la expedición pese a todos los reveses era muy alta, sabían que les lideraba el mítico Shackleton y confiaban totalmente en volver a casa.

Shackleton planificó su escape de los hielos y junto con unos pocos se embarcaron en un bote rumbo a la isla elefante, donde se sabía que había bases de balleneros. Esta isla estaba a la singular distancia de mil kilómetros de su posición. Un solo grado de error en la trayectoria les hubiera desviado muchísimo y no la habrían visto. Pero no se desanimaron, ¡allá que fueron!, Avanzaron por el océano remando en ocasiones.

Hubo una tormenta tremenda que casi les hunde el bote. Increíblemente llegaron a la isla Elefante. Pero en el punto que llegaron con el bote totalmente desechó e irreparable, era un punto en el que había una gran cordillera que se interponía entre ellos y las bases ballenera. Era muy alta e impedía totalmente llegar, era un imposible. Pero para un hombre invencible como lo era Shackleton esta palabra no existía.

Sin dilación Shackleton abordó la empresa de escalar aquellas montañas. Tras una escalada de 27 horas consecutivas por fin llegaron a la cima. Esta hazaña de escalar esas montañas sin ninguna preparación ni medios, fue considerada como una de las mayores hazañas del la historia de la humanidad.

Allí en la cima, después de meses o sabe Dios cuánto tiempo, por fin avistaron un pequeño poblado. Bajaron y contaron su historia. Al poco tiempo todos los hombres fueron rescatados por un ballenero. Gracias a la firme determinación del intrépido capitán todos volvieron sanos y salvos a sus casas. Franco Battiato lo cantó en una canción excelente.

Esto lo vi en un documental en el hemisferic de la ciudad de las artes y las ciencias de Valencia y quedé alucinado.

Sí, Shakelton fue un hombre invencible. Una de las hazañas más importantes de la historia de la humanidad fue hecha por este hombre, que mostró una capacidad de supervivencia y ganas de vivir por encima de cualquier obstáculo.

Sirva esto de ejemplo como hombre invencible.

Ejercicio para convertirte en hombre invencible.

Para convertirte en un hombre invencible nada mejor que poner en valor tu físico y tu mente.

El físico.

Trabajas el físico haciendo ejercicios de todo tipo: abdominales flexiones, correr, aeróbicos, fuerza, todo lo que sea necesario. Lo haces para que luzcas bien. También haces dieta y no paras hasta verte con el cuerpo perfecto que te permitirá conseguir tus máximas prestaciones. De esto no sé mucho así que mejor consulta a expertos.

La mente.

De esto sí que se más, debes visualizarte como el hombre invencible enfrentando las más difíciles situaciones. Debes en esa situación peligrosa o que te da miedo comportarte como ese hombre invencible que quieres ser. Esto lo haces con la pantalla mental entrando en relajación. Después de hacer esta visualización tomas consciencia de que ya eres así y te comportas como tal.

Después en la vida real en todo momento eres consciente de ser el hombre invencible, el ganador, aquel que no puede ser derrotado ni siendo derrotado. Te sientes invencible como el Porche 911 turbo RS tracciónando al salir de la curva, como el tanque Kind Tiger en la segunda guerra mundial que acabó con 19 tanques enemigos el solo.

Bruce lee en la pelea, Casanova en el amor.

Tienes mejores armas que los demás, tienes algo apabullante, y lo manifiestas en tu mundo. Aplastas todos los problemas y dificultades.

Tienes la confianza en ti mismo al máximo. Sirva de ejemplo esto. Hubo un jugador brasileño del Valencia cf a finales de los años 90′s llamado Viola que dijo la siguiente frase.

"Si controlo la pelota en el área, ¡**con certeza!,** es gol." Eso sí que es una frase, eso sí que es seguridad, todavía lo recuerdo y lo pongo aquí como ejemplo.

Así debes de ser, si tienes la oportunidad **con certeza** materializas tu triunfo.

No basta con vencer, hay que apabullar.

El hombre invencible se caracteriza por su consciencia en todo momento de su poder ilimitado.

La vida es dura y hay muchas dificultades pero si tú eres consciente de ser invencible en los momentos de dificultad no te vendrás abajo, seguirás peleando totalmente despreocupado de tu situación actual; pues sabes que finalmente vencerás, porque nunca te vas a rendir, porque eres invencible y quien es invencible vence.

La vida de los hombres es especialmente dura, muchísimo más que la de las mujeres y no nos quejamos de nada, mantenemos la cabeza alta, miramos al frente y afrontamos un nuevo reto, porque somos hombres, ¡lo más de la creación! y nada ni nadie puede pararnos.

Sentirte el hombre invencible.

Todos podrían ser hombres invencibles, pero solamente aquellos que sienten intensamente su fucking power consiguen serlo. En todo tiempo y lugar hubo hombres invencibles que hicieron cosas de leyenda. También los hay ahora y los habrá en el futuro.

Tú debes de sentirte especial, diferente del resto, llamado a grandes cosas. Eres sabedor de que tienes un poder infinito dentro de ti que puede convertir y modelar a tu antojo todo tu mundo.

Tú puedes superar todas las dificultades y alcanzar todas tus metas porque el fucking power está contigo.

Miras, respiras y sientes el poder en ti. Estás feliz porque eres invencible, todo aquello en lo que te concentres lo manifestarás. Tú creas tu vida y la disfrutas.

Llevas el poder de todos los hombres invencibles juntos en ti mismo.

Eres el espartano en las Termópilas.

Shakelton subiendo la montaña.

Magallanes cruzando el estrecho de la tierra del fuego.

Casanova conquistando.

Vivaldi componiendo las cuatro estaciones.

Alarico conquistando Roma.

Algunas veces perdiendo y muchas más ganando, eres el hombre invencible.

¡Viva el hombre invencible!

¡El mundo te espera hombre invencible! ¡Ve a conquistarlo!

¡A Jugar!

Did you love *El hombre invencible*? Then you should read *Macho Alpha*[1] by John Danen!

[2]

Este libro te enseña a ser un hombre de verdad. Seguro,decidido y satisfecho de ser lo que es.

Un hombre viril, macho y fuerte. Un hombre que emana masculinidad. Porque no hay mejor cosa en la vida que ser un hombre.

Fotógrafo Bruno Salvadori

---

1. https://books2read.com/u/3GenwQ

2. https://books2read.com/u/3GenwQ

Also by John Danen

Seduction 5.0

S.A.X.

Chicas complicadas

Seducción 5.0

El libro del tonto

Macho Alpha

Macho alpha extracto

La seducción después de la pandemia

Terriblemente atractivo

Seducción 5.1

Sedução 5.1

How to be Cool and Attractive

Sedução. Avançada. X.

Garotas complicadas

¡Basta de ser buen chico! Sé un chico malo.

El método JD. El método de seducción de John Danen

El arte de agradarte a ti mismo

¡Basta ya de abusos! ¡Defiéndete!

Enought with the abuse! Defend yourself!

Máster en seducción

Las mujeres. El amor. Y el sexo.

Supera la dependencia emocional

Atrae mujeres con masculinidad

JD Absoluta seducción

El fracaso del amor

Entender a las mujeres
La vida del seductor sinvergüenza y encantador.
El arte de la dureza
Terrivelmente atraente
Deixe de ser um bom da fita! Seja um mauzão.
Superar a dependência emocional
A arte de se agradar
Pare o abuso! Defenda-se!
O fracasso do amor.
O método JD
Don´t Be a Good Boy! Be a Badass
Complicated girls
The Art of Pleasing Yourself
Duro y Sinvergüenza
Mestre en sedução
JD Method
The Failure of Love. The Trap of Serious Relationships
Master in Seduction
A. S. X. Advanced. Seduction. X
Women. Love. Sex
How to Become a Real Man. Be an Alpha Male
Attract Women with Masculinity
JD Absolut Seductión
Understanding Women
The Life of the Shameless and Charming Seducer.
The Art of Toughness
Tough and Shameless
Überwindung der Emotionalen Abhängigkeit
Maître en séduction
Schrecklich Attraktiv
Surmonter la Dépendance Émotionnelle
L'art de la dureté
Die Kunst der Zähigkeit

Hör auf, ein guter Junge zu sein, sei ein böser Junge

Assez D'être un Bon Garçon ! Sois un Mauvais Garçon.

Die Kunst, sich Selbst zu Gefallen

Dur et sans Vergogne

Hart im Nehmen und Schamlos

L'art de se Plaire à soi-Même

Das Scheitern der Liebe

L'échec de L'amour.

Meister der Verführung

Die JD-Methode

Maestro di Seduzione

Terriblement Attrayant

La Méthode JD

Capire le donne

Compreendendo as Mulheres

Comprendre les Femmes

Die Frauen Verstehen

Les Filles Compliquées

Komplizierte Mädchen

JD Séduction Absolue

La Vie du Séducteur Charmant et sans Vergogne

Les Femmes. L'amour. Et le Sexe.

Mâle Alpha

S.A.X.

V.F.X.

Donne. Amore. E il sesso.

Ragazze Complicate

Superare la Dipendenza Emotiva

Seduzione. Avanzata. X.

Dark Seducción

Il Fallimento Dell'amore.

Il Metodo JD

Alphamännchen

Atrair Mulheres com Masculinidade
Attirare le donne con la Mascolinità
Attirer les Femmes par la Masculinité
Mit Männlichkeit Frauen Anziehen
Frauen. Liebe. Und Sex.
L'arte di Piacere a se Stessi
Mulheres. Amor. E Sexo.
JD Seduzione Assoluta
JD Absolute Verführung
JD Sedução Absoluta
Das Leben des charmanten, schamlosen Verführers
Smettila di Fare il Bravo Ragazzo! Essere un Cattivo Ragazzo.
La Vita del Seduttore Affascinante e Spudorato
A Vida do Sedutor Encantador e sem Vergonha
Macho Alfa
Uomo Alfa
Séduction 5.0
Verführung 5.0
Seduzione 5.0
Duro e Senza Vergogna
Duro e Sem Vergonha
L'arte della Durezza
A Arte da Dureza
The Fool's Book
Das Buch der Dummköpfe
Il Libro dei Pazzi
O Livro do Tolo
Dark Seduction
Dunkle Verführung
Sedução Escura
Dark Seduction
Seduzione Oscura
Le livre du fou

Como materializar lo que deseas con el fxxxxxx power
Como materializar o que você quer com o Fxxxxxx Power
El ángel Sex-terminador
El seductor vampiro
O Vampiro Sedutor
Sex-Terminating Angel
The Vampire Seducer
How to Materialize What You Want With The Fxxxxxx Power
El camino del maestro
Il vampiro seduttore
O camiño do mestre
La via del maestro
Der verführerische Vampir
Le sedusant vampire
Der Weg des Meisters
La voie du maître de la séduction
Master's Path
Come materializzare ciò che si desidera con il Fxxxxxx Power
Wie Sie Ihre Wünsche verwirklichen können mit dem Fxxxxxx Power
El método EDP
O método EDP
The E.D.P. Method
Comment matérialiser ce que vous désirez avec le Fxxxxxx power
El hombre invencible

About the Author

Español.

Soy un hombre vividor y divertido que busca el lado bueno de las cosas siempre.

Mi experiencia es el campo de las relaciones personales y de la seducción. Por eso tras dedicarme larguísimas décadas a ello, quiero trasmitir mis conocimientos. Para que las nuevas generaciones tengan unos conceptos que les den una ventaja competitiva sostenible y poderosa en el campo del amor.

Quiero ayudarte a a conseguir tus metas.

Portugués.

Sou um homem animado, e divertido, que sempre procura o lado bom das coisas.

Minha experiência está no campo das relações pessoais e da sedução. É por isso que, após décadas de dedicação a ela, quero transmitir meus conhecimentos.

Quero ajudá-los a alcançar seus objetivos.

Inglés

I am a lively and fun man, who always looks for the good side of things.

My experience is in the field of personal relationships and seduction. That is why, after decades of dedicating myself to it, I want to pass on my knowledge. So that the new generations have concepts that give them a sustainable and powerful competitive advantage in the field of love.

I want to help you achieve your goals

Français Je suis un homme vif et drôle qui cherche toujours le bon côté des choses.

Mon expérience se situe dans le domaine des relations personnelles et de la séduction. C'est pourquoi, après m'y être consacré pendant des décennies, je veux transmettre mes connaissances. Pour que les nouvelles générations disposent de concepts qui leur donnent un avantage concurrentiel durable et puissant dans le domaine de l'amour.

Je veux vous aider à atteindre vos objectifs.